M. - A. GROMIER

LA VRAIE REVANCHE

Lettre à Monsieur LEMONNIER

Président du Comité Central de la Ligue Internationale de la Paix et de la Liberté, à l' Hôtel de Ville de Genève, salle de l' Alabama.

Was machen die Fische gegen die Pferde?
Von Bismarck.

Les premières épreuves imprimées de cette lettre ont été, dès le 22 Août 1884, directement envoyées par l'auteur à Messieurs Charles Lemonnier et Jules Ferry et adressées, par la voie hiérarchique diplomatique, à Monsieur le prince de Bismarck.

FLORENCE
IMPRIMERIE DEL VOCABOLARIO
de J. De Maria et J. Coppini
—
25 Août 1884

Du même Auteur :

Lettres sur la Musique, brochure in-8°. Hachette, Paris, 1862.

La fanfare Bressanne, in-8°, Milliet, Bourg, 1864,

Souvenirs d'un Bressan, in-8°, Milliet. Bourg, 1865.

La Colonie, in-4°, Taffery, Londres, 1866.

L'Union Libérale, in-8°, Lechevalier, Paris, 1868.

The Glow-worm, in-4°, S.-O. Beeton, Londres, 1869.

L' Egypte dévoilée, in 32°, Wade, Londres, 1869.

Le Centenaire anti-napoléonien, in-32, Wade, Londres, 1869.

Paris au Jour le Jour, variétés publiées dans *Le National* Paris, 1870-1871.

La France vue du dehors, variétés publiées dans *Le Combat, La Vérité* et *Le Vengeur,* Paris, 1870-71.

Le Salut de Paris, in-4°, Merlot-Rodière Paris, 1871.

La Patrie en deuil, in-4°, Merlot-Rodière, Paris, 1871.

La Solidarité, in-32°, André Sagnier, Paris, 1872.

Les Lettres d'un bon Rouge, in-8°, Sagnier, Paris, 1873.

Paris Municipal, in 8°, Merlot-Rodière, Paris, 1873.

Hommes et Choses, in-8°, Merlot-Rodière, Paris, 1873.

La Paix Sociale, in-folio, Merlot-Rodière, Paris, 1873.

Prophéties pour 1878, in-32°, Jossellin, Genève 1877.

Credo d'un libre-penseur, in-32°, Josellin, Genève, 1877.

Loi Sociale de l'Avenir, in-8°, Josselin, Genève 1877.

Justice et Nécessité d'une Amnistie, in 8°, Jossellin. Genève, 1877.

Les Fraudeurs Genevois, in-8°, Josselin, Genève 1877.

La Suisse telle qu'elle est, Lettres publiées dans *Le National, Le Petit Lyonnais, Le Courrier de Lyon, Le Progrès de l'Ain, L'Estafette,* etc., de 1876 à 1878.

Lettres aux Genevois, in-folio, Imp. Coopérative, Florence, 1878.

Florence, la cité des milliards, in-f. Devillaire, Périgueux, 1878.

Garibaldi et sa campagne de France, in-4°, A. cour. Bordeaux 1879.

Ai Proletari *Opinione Nazionale,* Firenze 1879.

Ai Borghesi, *Opinione Nazionale,* Firenze, 1879.

Catalogues de ma Bibliothèque, in-8°, Imprimerie Coopérative, Florence, 1880.

Mauro Macchi, *in memoriam,* brochure in-12°, Battezzati, Milano, 1881.

Mauro Macchi et la Lega Latina, brochure in-8°, Imprimerie Coopérative, Florence, 1882.

I latinofili francesi ed il senatore Amante, in-fol., Stamperia Cooperativa, Firenze, 1882.

Introduction à l'Histoire de la Musique, *avec préface de Marie Escudier,* in-8°, illustré A. Degorce-Cadot, Paris, 1882.

La Fédération des Peuples Gréco-Latins, seize livraisons in folio, Imp. Coopérat. Florence, 1882.

L'Italie telle qu'elle est, Lettres publiées dans *L'Estafette, L'Indépendant, La Europa, Le Voltaire,* etc., de 1878 à 1883.

Biographies : Charles Alfieri di Sostegno, Camille Bias, Léon Bigot, Breton, Brunereau, Angelo De Gubernatis, Raphaël Del Perugia, Paul Demidoff di S. Donato, Ernest Desmarest, Jules Fazy, Giuseppe Garibaldi, W. H. Kay, Mauro Macchi, Ernest Picchio, Maurizio Quadrio, André Rouselle, Carl Vogt et Volney, opuscules, grand in-8°, publiés de 1876 à 1883.

Un dernier mot aux latins, brochure in-8, Joseph Pellas, Florence, 1883.

Le Zollverein Méditerranéen, *lettres à la presse gréco-latine,* Stamperia del Ferruccio, Florence, janvier 1884.

M. - A. GROMIER

LA VRAIE REVANCHE

Lettre à Monsieur LEMONNIER

Président du Comité Central de la Ligue Internationale de la Paix et de la Liberté, à l' Hôtel de Ville de Genève, salle de l' Alabama.

Was machen die Fische gegen die Pferde?
Von Bismarck.

A ma femme Malvina - Adelina, née Brunereau.

Florence, 25 août 1884.

FLORENCE
IMPRIMERIE DEL VOCABOLARIO
de J. De Maria et J. Coppini

—

25 Août 1884

LA VRAIE REVANCHE

Lettre à Monsieur LEMONNIER

Président du Comité Central de la Ligue Internationale de la
Paix et de la Liberté, à l'Hôtel de Ville de Genève, salle
de l'Alabama.

Was machen die Fische gegen die Pferde ?
Von Bismarck.

Cher et vénéré Président,

J'ai reçu, en double expédition, sous la date du 11 août
dernier, l'invitation de me rendre, le 7 septembre prochain,
à l'Assemblée Générale de la Ligue Internationale de la
Paix et de la Liberté dont vous êtes le si digne Président
Fondateur.

Volontairement éloigné de la politique et des politi-
queurs de tous les partis, mais considérant votre œuvre
comme exclusivement philosophique et humanitaire, je
suis heureux d'avoir eu cet honneur et, ne pouvant, à
mon grand regret, vous amener ma personne, je me per-
mets de vous envoyer ma pensée. La voici, en quelques
lignes, et sur l'essence même de votre institution et sur
le sujet spécial soumis, cette année, à vos délibérations.

Il est bon de croire à l'avenir et à l'idéal ; il est bon
même de faire semblant d'y croire ; il est bon, dans tous
les cas, d'en parler et de les opposer le plus souvent
possible, l'un au présent, l'autre à la réalité. C'est à ce

titre que j'aime à prendre mentalement part à vos travaux, quoique ne me faisant aucune illusion sur leur valeur pratique, à l'heure actuelle.

Certes, il se peut qu'un jour, un *Code des Peuples*, élaboré et interprété par quelque Tribunal suprême, règle leurs rapports et résolve leurs litiges. Cela se peut; je le dis, mais je n'affirme rien. L'histoire que beaucoup invoquent pour attester la décroissance progressive de l'instinct guerrier et prophétiser sa future atrophie, l'histoire, en effet, est loin de me donner un semblable enseignement! Pour qu'il fût permis de l'interpréter ainsi, il faudrait que l'art de la guerre et les appétits qu'il encourage se fussent développés en raison inverse de la civilisation; or, c'est, je crois, le contraire qui a eu lieu. D'ailleurs, il est permis de se demander s'il y aura jamais un groupement de peuples assez harmonieux et en un état d'équilibre assez stable pour produire l'*institution internationale* rêvée par divers utopistes comme vous et moi-même; et si, aux heures psychologiques, la prépondérance fatale de l'une ou l'autre nation ne rendra pas illusoire la création pourtant si désirable de cette *institution*.

Pour ces raisons et pour bien d'autres encore, — malgré l'intensité de mes vœux pour l'apparition de l'aurore de la Paix universelle, — j'ai des doutes cruels sur la proximité de sa venue !

Hélas! Qui de nos coreligionnaires, cher Président, qui d'entre eux, en un cœur meurtri par l'amour de la paix sociale, ne nourrit pas les mêmes craintes désespérantes? Où est-il le membre de votre sainte *Ligue* pouvant jurer que, dans la nuit des siècles à venir, sa cendre ne sera pas éternellement troublée par le bruit périodique des entr'égorgements? Vous-même, cher et vénéré Monsieur Ch. Lemonnier, avez-vous donc présentement une confiance, je ne dirai pas absolue, mais simplement relative, dans les remèdes qui vont être proposés à Genève, le 7 septembre, contre le fléau de la guerre?

Ces remèdes déjà connus sont, en effet, d'une naïveté vraiment désolante.

Il y a d'abord le *Tribunal international!*....

Je vous ai exprimé mes doutes sur son fonctionnement futur; quant à la possibilité de son installation actuelle, rions-en ensemble, cher Président, si notre gravité commune nous le permet....

Est-ce à dire qu'en de certains cas, l'arbitrage soit une utopie? Non, bien sûr! — Si l'objet du litige est, par exemple, un navire, à propos duquel se soulève une question de droit, la Suisse, qui n'a pas de marine, pourra servir de juge désintéressé et obéi. Les Républiques Sud-Américaines auront aussi des motifs pour accepter la médiation de la Grande République du Nord, leur aînée.

Mais si quelque question brûlante de territoire national ou d'expansion coloniale divise deux peuples puissants ou enflamme l'Europe, qui sera l'arbitre? — Où sera la Suisse alors et qui voudra des Etats-Unis pour juge?...

Quant à vous-même et quant à vos coreligionnaires, cher Monsieur, vous savez assez quels sourires les cercles des diplomates déversent sur les cénacles des philanthropes pour ne pas vous faire d'illusion sur le sort réservé alors à vos conseils ou à vos souhaits platoniques, dépourvus d'arguments matériels.

Il y a ensuite le remède du *Désarmement....!* ....Mais il ne se comprend pas sans l'institution du tribunal international: inutile donc d'insister à son propos.

Il y a, enfin, un expédient: la *Neutralisation...!* C'est le procédé dont l'application est proposée aux méditations généreuses de votre *Ligue,* afin d'empêcher un autre conflit sanglant entre les Gaulois et les Germains.

Il s'agit de la *Neutralisation de l'Alsace et de la Lorraine.*

La neutralisation, ce me semble, est une opération par laquelle l'huître légendaire des plaideurs n'est grugée ni par ceux-ci ni par Messieurs de la Justice, — grâce à la convention tacite que personne n'a encore la bouche assez élastique. La neutralisation réintègre l'huître dans ses écailles, avec autorisation temporaire de *self-baîlle-ment*. Il est sous-entendu, d'ailleurs, qu'elle est réservée à celui de ces gosiers avides qui s'élargira le plus tôt.

Il n'y a pas l'ombre d'un doute qu'en temps de guerre européenne, la Belgique et la Suisse seraient violées par le belligérant intéressé à ce viol et même par tous les belligérants. Il n'y a pas l'ombre d'un doute qu'au cas d'un remaniement de la carte européenne, la Belgique et la Suisse seraient absorbées ou partagées à l'amiable par les compères remaniants. Nul ne s'en étonnerait, nul ne s'y opposerait efficacement.

Or, de même qu'en amour on ne viole que les vierges, de même, en politique, on ne rompt que des traités, et l'on ne viole que des neutres. Quant à la sanction des tiers, de récentes expériences nous ont appris ce qu'en vaut l'aune....

La neutralisation n'est donc, en principe, qu'un expédient temporaire, non une solution définitive.

Passe encore pour l'expédient, quand il a quelques fruits immédiats de pacification, — quand il constitue un entr'acte sérieux. Mais qui oserait, qui pourrait, qui voudrait, aujourd'hui, prendre l'initiative de réclamer l'Alsace et la Lorraine à l'Allemagne, sous le prétexte, au moins indélicat, d'en faire un pays neutre ?

Malgré les inconvénients considérables que l'Allemagne trouve sans doute à présent à la possession de ces deux provinces, il ne faut pas s'attendre à ce qu'elle en fasse la remise gracieuse pour faciliter quelque replâtrage de ce genre. De son côté, la France est loin d'avoir intérêt à cette neutralisation.

Ce que désire la France, c'est que ces provinces lui
retournent et non pas qu'elles soient suspendues, en un état
vague et indéfini, entre elle et l'Allemagne. C'est qu'elles
lui restent, sans redevenir la pomme de discorde, jetée
jusqu'ici, par le sort inconstant des luttes, entre elle et
sa voisine.

La France ne veut pas d'un cadeau négatif ni d'une
compensation sentimentale. Ce qu'elle a perdu, elle veut,
sinon le reconquérir, au moins *le regagner :* elle y met-
tra le prix ; voilà tout.

Cette neutralisation donc, alors même que l'Europe la
conseillât, — et tout porte à croire le contraire, — la
France et l'Allemagne s'uniraient pour la refuser, l'une,
par dignité, l'autre par amour propre, toutes deux par
prudence et par calcul.

Dans l'état actuel, la situation, poignante pour la France,
tendue pour l'Allemagne, a, toutefois, le mérite d'être
nettement définie. La remplacer par une convention diplomatique aussi contingente serait rouvrir gratuitement
la porte à de nouvelles méfiances, à de nouvelles con-
voitises, remettre la proie sur le terrain de la lutte, avec
le caractère aggravant de fruit défendu.

D'ailleurs, qui sanctionnerait cette neutralisation ? L'Europe ? Mais l'Europe a l'habitude de s'éclipser quand on
la cherche. Puis, ne prévoyez-vous pas, cher Monsieur,
qu'au moment précis où elle devrait intervenir, elle pourrait, cette Europe, n'être constituée que par les deux
champions ?

Quand on prend de la neutralisation, on n'en saurait
trop prendre : une fois donc le principe admis, on n'en
finirait plus. Demain, il faudrait neutraliser Nice ; après
demain, Trieste ; puis, viendrait le tour de l'Egypte, de
la Turquie, etc. Au premier conflit, il n'y aurait pas un
grand état qui, se reconnaissant juge et partie, ne se
crût dégagé vis-à-vis des neutres.

Ni Française, ni Allemande, dites-vous. — Ce n'est pas une solution pour l'Alsace-Lorraine. Qu'elle reste Allemande, en attendant de redevenir Française. Voilà ma formule.

Je vous entends vous écrier avec surprise: « Vous êtes « donc un ennemi de la Paix? Ce que vous défendez-là, « c'est la politique de la Revanche; c'est le mouvement « perpétuel des rancunes et des armes. » — Ne me jugez point sans m'entendre jusqu'au bout.

Je veux la paix. Mais, je la veux reposant sur une autre chose que des bases conventionnelles et hypothétiques. Je la veux établie sur l'intérêt commun, tangible, présent et futur de la France, de l'Allemagne et des autres peuples. Pas de concessions à un système douteux, pas de demi-rapprochements, pas de traités équivoques, pas de *modus vivendi*. Je veux, cette fois-ci, un partage sérieux, un *marché en règle*.

Et je veux qu'à ce marché centralisateur et déneutralisateur, on se partage plus qu'un lambeau d'Europe, mais l'Europe entière et avec elle, le monde !

En 1808, Charles Fourier avait eu la vision prophétique d'une Europe, résumée en trois grandes puissances, qu'il appelait le *Triumvirat Continental*.

Il n'y a, disait-il, que trois nations capables de survivre aux révolutions sans nombre qui ont modifié de façon si radicale et doivent encore modifier les conditions d'existence des différents peuples.... Ces trois puissances étaient, d'après lui:

1° La *France*, à l'occident, avec la frontière du Rhin, exerçant sa suprématie sur les autres nations latines;

2° L'*Allemagne*, au centre, avec le Danemarck, les provinces allemandes de l'Autriche jusqu'à Trieste et peut-être jusqu'à Salonique;

3° La *Russie*, à l'Orient, avec la Turquie d'Europe, l'Asie Mineure, la Perse et les petits états indépendants jusqu'aux Indes.

Fourier voyait juste. Napoléon le Grand s'éprit de ses idées et les oublia, comme il le faisait de tout ce qui n'était qu'idée préparatoire. J'ai eu plusieurs fois, pour ma part, depuis 1841, après mes premiers vingt ans, le triste, périlleux et coûteux honneur d'exposer directement et de vive voix ces mêmes idées conservatrices à Mazzini, Thiers, Maurizio Quadrio, Garibaldi, James Fazy, Mauro Macchi et à Messieurs Pierre Beckx, Waddington, Campanella, Challemel-Lacour, Floquet, Wilson, Andrieux, Decrais, Alfieri di Sostegno, Zorrilla, Depretis, etc.

Mais, je n'ai pas été plus heureux que mon prédécesseur et maître !.... Et, pourtant, il y a, maintenant, un homme qui pense peut-être comme Fourier Charles et ne demanderait, peut-être aussi, qu'à ne pas oublier sa théorie si praticable. C'est Monsieur le prince de Bismarck, *l'homme du siècle !*

C'est avec Monsieur le prince de Bismarck que quelque Français dont j'ignore encore le nom, *amplifiant le programme de Fourier suivant les exigences des temps*, doit, tôt ou tard, poser les prémisses du *marché* dont je parlais tout à l'heure et dont je vais examiner rapidement ici les conditions fondamentales :

I. La *France*, redevenue la grande puissance occidentale, regagnera *avec l'Alsace et la Lorraine* son intégrité primitive. Elle prendra l'initiative d'une fédération des peuples gréco-latins que j'appellerai volontiers *Zollverein Méditerranéen.* (1)

---

(1) Voir, à cette occasion, mes articles publiés, de 1876 à 1884, dans le *Telegraful* de Sibiiu (Transylvanie), la *Fratia*, le *Binele* de Bucarest et la *Gazeta Satenului* de Rimnicul-Sarat (Roumanie), — la *Bulgarie* de Sophia (Bulgarie), — le *Stamboul* de Constantinople (Turquie d'Europe), — l'*Anatoliki Epitheorissis* et la *Paliggenesia* d'Athènes (Grèce), — l'*Indispensabile* de Palerme, l'*Ordine* de Lecce, l'*Umanitario* de Naples, la

Ce Zollverein, en attendant mieux, devrait unir *économiquement* à la France le Portugal, l'Espagne, l'Italie, le Monténégro, l'Albanie, la Grèce, la Roumanie ainsi que toutes les colonies méditerranéennes de ces mêmes pays, exclusivement. Cette *union économique* s'obtiendrait aisément entre tous ces pays, QUELLE QUE SOIT LA FORME DE LEUR GOUVERNEMENT RESPECTIF. par l'adoption synallagmatique, dans tout le territoire du susdit *Zollverein Médterranéen*, de certaines mesures, d'ordre purement administratif, qu'il appartient à la presse gréco-latine de proposer d'ores et déjà et dont j'ai maintes fois, pour ma modeste part, offert quelques exemples pouvant servir de préliminaires à la discussion indispensable à l'établissement de ce Zollverein. (1)

Lega della Democrazia, l'*Italian Times* et la *Confederazione latina* de Rome, l'*Opinione Nazionale*, le *Ferruccio*, la *Nazione*, l'*Italia Evangelica*, et la *Fédération des peuples Gréco-Latins* de Florence, le *Secolo* de Milan, et le *Mare* de Gènes, (Italie)- — le *Pensiero* de Nice, l'*Egalité*, le *Travailleur* et la *Lega latina* de Marseille, l'*Autonomie Communale* de Montpellier, la *Gazette Libérale* de Lyon, la *Défense Nationale* de Chauny, l'*Echo* du Raincy, — l'*Estafette*, l'*Indépendant*, le *Voltaire*, l'*Evènement*, la *Correspondance Merley*, la *France*, la *Revue du Monde Latin* de Paris (France), — l'*Atlas* d'Oran (Algérie), — l'*Epoca*, la *Europa*, le *Porvenir*, l'*Impartial*, le *Liberal* de Madrid, le *Pacto* de Lerida, le *Progresso* de Malaga et la *Voz de Cataluna* de Barcelone (Espagne), — la *Democracia*, l'*Estandarte*, l'*Exercito*, la *Gazeta dos Lavradores*, le *Jornal das Colonias*, la *Liberdade*, *Os Dois Mondos* et la *Republica* de Lisbonne, *O Povo* de Beira-Baixa et la *Discussao* de Porto (Portugal), — enfin, les *Etats-Unis d'Europe* de Genève (Suisse).

(1) 1. Uniformité du calendrier grégorien;

2. Uniformité des poids, des mesures et des monnaies, d'après le système décimal;

3. Uniformité des tarifs postaux. (Dans tout le *Zollverein*

C'est ainsi que, groupant en un seul faisceau les vrais intérêts des peuples gréco-latins, SANS RÉCLAMER D'AUCUN D'EUX L'ABDICATION NI DE SON GÉNIE PERSONNEL, NI DE SES MOEURS, NI DE SES INSTITUTIONS, le Zollverein Méditerranéen sauverait leur commerce, leur industrie de la ruine prochaine qui les menace et donnerait à leurs relations le caractère que leur imposent naturellement et rationnellement la parité d'origine, la communauté de langue, la similitude de position.

La suprématie de la France, c'est trop manifeste, ne devrait pas être une oppression et ne le serait pas. La France se bornerait à mettre au service de ses sœurs gréco-latines l'influence prépondérante que lui donne sa qualité de grande puissance occidentale et de maitresse du bassin Méditerranéen de l'Ouest.

II. *L'Allemagne*, à ces conditions, ira à Helgoland à Trieste, à Salonique, à Césarée, si elle le veut. Elle

---

Méditerranéen, on devrait pouvoir employer, pour les cartes postales, des timbres de 5 centimes ; pour les lettres, des timbres de 10 centimes, par poids de 15 grammes; pour les imprimés, des timbres de 1 centime, par poids de 25 grammes ;)

4. Uniformité des tarifs télégraphiques (50 centimes les premiers dix mots et 2 centimes par mots supplémentaires);

5. Liberté du cabotage sur tout le littoral des pays gréco-latins et de leurs colonies méditerranéennes pour les navires de la marine marchande de ces pays;

6. Uniformité du prix Kilométrique des transports par Kilogramme de marchandises confiées aux Messageries de terre et de mer;

7. Abolition de tout passe-port et de tout droit de douane à L'INTÉRIEUR *du Zollverein Méditerranéen*, – c'est-à-dire pleine liberté de communications et d'échanges entre les habitants des pays faisant partie de cette *association économique*, nécessaire à la prospérité, à l'indépendance, au salut des peuples gréco-latins.

deviendra grande puissance maritime et développera son intelligent commerce d'exportation si bien aidé déjà dans toutes les colonies par sa machiavélique *Ubersecische Bank.* Quelle plus vaste latitude pourrait-on lui laisser dans le programme de ses ambitions légitimes?

III. La Russie s'assimilera toutes les populations de race slave disséminées dans l'Europe Orientale. Elle recueillera la succession de *l'homme malade.* Insensiblement ou même sensiblement, elle se frayera une route complète vers les Indes Britanniques.

Telle est ma façon de comprendre la paix par ce que j'appellerai, à mon tour, la *Tricéphalie Européenne.* Je ne comprends plus l'Europe que sous la forme de trois colosses se faisant contrepoids; le colosse gallo-gréco-latin, le colosse germain, le colosse slave. Cette solution, la seule qui s'impose aux esprits scientifiques, se déduit et des évènements dont l'Europe a été le théâtre durant ce siècle tourmenté et des nécessités prévues d'un avenir prochain. Plus de chevilles à la surface de l'Europe; mais, trois coins parallèles vigoureusement enfoncés en elle-même, à St. Pétersbourg, à Berlin, à Paris.

Cette solution admise en principe, il restera d'autres questions secondaires, questions d'englobement, de partage, de rejet. Il y aura la question anglaise, la question néerlandaise, la question suisse, la question hongroise, la question polonaise, etc. Une seule d'entre elles suffirait, aujourd'hui, à enflammer l'Europe; mais, au jour de l'entente, toutes ensemble offriront peu de difficultés.

Je ne veux parler ici que de la question anglaise, car elle est à la veille de se résoudre toute seule par la décadence de la perfide Albion. Oui, le jour s'approche où

La nef aux flancs salés qu'on appelle Angleterre
sera privée de sa chaloupe irlandaise et isolée dans son île marinée de duplicité et d'égoïsme. Menacée dans la Méditerranée, dans la Mer Rouge, sur les frontières de l'Inde,

— susceptible de l'être, d'un instant à l'autre, en vingt autres points importants, — elle n'a, pour tenir tête aux formidables assauts imminents, que quatre choses branlantes ou nuisibles : une *armée* qu'elle ne peut réformer sans avoir à l'employer contre quelque terrible révolution sociale intérieure ; un *or* qui s'épuisera ; un *prestige* moribond peu ragaillardi par Alexandrie, Tel-el-Kebir et le Soudan ; enfin, la *fausseté* doublée de morgue insolente qui la rend tour à tour suspecte et odieuse à toutes les nations civilisées.

S'il s'accomplit quelque vilenie dans le monde, si l'on pend quelque Myles Joyce innocent, si l'on met à prix l'assassinat de quelque héros, cherchez l'Angleterre : elle est là ! Usurpatrice de la malheureuse Egypte, fautrice des colères chinoises, pourvoyeuse des Hovas, elle n'a même pas honte à présent de réclamer le prix du sang des Français ! Cher Monsieur Lemonnier, ne l'oubliez pas un instant, c'est l'Angleterre, *ses aveux à propos d'Angra Pequenha en sont la preuve*, c'est l'Angleterre qui a permis l'annexion à la Prusse de notre pauvre Alsace-Lorraine ! C'est l'Angleterre qui vous procurera, le 7 septembre, les embarras de la discussion à laquelle ma lettre essaie de prendre une part prématurée.

N'ayez donc pour elle aucun excès de sollicitude et laissez-moi faire d'elle, dans ma vision de *Tricéphalie Européenne*, quelque céphalopode déchu, confiné dans son coin d'Océan, condamné à de glauques et stériles regrets par les innombrables victimes de ses exploitations usuraires. Cher et vénéré Président, si l'on veut à toute force neutraliser une nation, je demande à la *Ligue* la neutralisation, l'isolement, le blocus de l'Angleterre....

Ou je me trompe fort ou pour les préliminaires de réalisation de cette *vraie revanche*, l'Allemagne est absolument prête. « *Que peuvent les poissons contre les chevaux ?* » demandait l'autre jour Monsieur le prince de

Bismarck, toujours à propos des Anglais et d'Angra Pequenha.... ?

Malheureusement, si je sais l'Allemagne prête, j'ai
peur, d'autre part, que la France ne le soit pas. La France
n'a pas de patriote, elle a trop d'individus. La France
n'a pas d'opinion; elle en change trop souvent. L'ambi-
tion égoïste et l'*opinion successive* ne valent guère pour
conduire à terme un marché... Je souhaite un patriote à
la France :... Monsieur le prince de Bismarck s'entendra
certainement avec lui....

Un dernier mot, cher et vénéré Président.

J'ai eu l'honneur de vous le dire le 12 février dernier
et je vous demande la permission de vous le répéter
humblement aujourd'hui.

Qui veut le plus, doit vouloir le moins. C'est parce que
je veux, comme vous, les Etats-Unis d'Europe que je veux
d'abord les Etats-Unis Gréco-Latins, y compris l'Alsace-
Lorraine. Et c'est parce que je veux, comme vous, la paix
et la liberté que je veux d'abord le *Zollverein Méditerranéen*, sur le modèle et à côté du *Zollverein Germani-
que*. C'est de la sorte seulement, à mon avis, que s'ac-
complira *la vraie revanche*, celle de l'instruction, du tra-
vail et du bien-être, avec l'assentiment de nos amis les
Russes, n'en déplaise à Messieurs les Anglais, ou plutôt
au Cabinet de Saint-James, car je suis trop partisan de
votre *Ligue Internationale Pacifique* pour vouloir rendre
tout le peuple britannique responsable des perfidies d'un
gouvernement qui ne peut tarder à s'améliorer forcément.

Agréez, cher Monsieur, mes saluts respectueusement
affectueux, avec mes vœux sincères pour la pleine réus-
site de vos labeurs si courageux, si persévérants et pourtant si ingrats.

M.-A. GROMIER

commandant de la Garde Nationale de la Seine, en 1870,
pendant la guerre de l'Allemagne contre la France.
Florence, 25 août 1884.